Anjali und R. Sriram

Meine Momente zum Durchatmen

Anjali und R. Sriram

Meine Momente zum DURCHATMEN

Luft holen für Körper und Geist

HERDER

FREIBURG · BASEL · WIEN

Nichts vermag uns mehr in unsere leibliche und seelische Mitte zu verhelfen als eine achtsame Atmung. Über das Atmen kann es uns gelingen, Geist und Körper auszubalancieren. Ein feines Gespür für den Atem zu entwickeln, markiert den Anfang dieses Weges. Wo immer der Atem hingeht, dahin geht auch der Geist und umgekehrt. Lenke deine Atmung, und du ermöglichst dem Geist, die richtige Spur zu finden. Der Geist kann nirgendwo hingeführt werden, wenn der Atem ihn nicht mitzieht. Ruhiges Atmen beseitigt auch die Unruhe des Geistes.

Atme langsam aus und empfange danach geduldig die Luft.

Langsam – aber entschlossen – die Luft ausströmen zu lassen und sie hingebungsvoll beim Einfließen zu empfangen, schafft Zuversicht und schenkt inspirierende Kraft.

Der Körper ist das Abbild des Atems. In der Art, wie wir laufen, gehen, stehen – darin spiegelt sich die Atmung wider. Wenn wir alle Bewegungen des Körpers mit unserer Atmung in Einklang bringen, erreichen wir unsere Mitte. Dann erreichen unser Denken und Tun ein Gleichgewicht. Sorgen und Nöte können uns nicht erdrücken, wenn wir auf natürliche, gesunde Weise atmen.

Gib dich dem Rhythmus des Atems hin, und dein Geist kommt zur Ruhe.

Sich – ob real oder in Gedanken – auf eine Bank setzen, mit der Hand am Bauch die Wallungen des Atems spüren – das ist schon der Beginn des Kräfteausgleichs.

Atmen wir langsamer, werden wir uns der unbewussten Verkrampfung des Atmens im Alltag gewahr und können dagegen ansteuern. Bei jeder Atemübung gilt es, aufmerksam dem Luftstrom zu lauschen. Seine Resonanz, das hörbare Atmen, ergibt einen feinen Ton, der zeigt, wie gut wir die Übung durchführen.

Durch die Verlangsamung deiner Atmung gelingt dir ein intensives, bewusstes Atmen.

Richte deinen Oberkörper auf und entspanne deinen Bauch,
sodass Raum entsteht für eine ruhige und tiefe Atmung,
dann lausche dem Geräusch der ausströmenden Luft.

Der Atem lässt sich lenken und verlangsamen und macht uns den Unterschied zwischen »Loslassen« und »aktiver Führung« bewusst. Im Yoga können wir mithilfe von Körperübungen, den Asanas, den Atem ins Gleichgewicht bringen. Alle Übungen und Aktivitäten achten auf den Atem und zielen auf seine Balance.

Achte bei all deinen Bewegungen darauf, dass sie sich im Einklang mit deinem Atem befinden.

Die goldene Regel für das Zusammenspiel von Körper und Atem: Der Körper beugt sich mit der Ausatmung und streckt sich mit der Einatmung.

Körperliche Herausforderungen oder emotionale Aufregungen wirken sich gleichermaßen auf den Atem aus. Keine andere Körperfunktion reagiert so unmittelbar auf unser Gefühlsleben wie die Atmung. Zwar hat der Atem großen Einfluss auf das leibliche Empfinden, herrscht aber zu viel Unruhe im Körper, wird umgekehrt auch die Atemfunktion in Mitleidenschaft gezogen.

Dein Atem spiegelt
Leid und Freude, Angst
und Zuversicht – jede deiner
Empfindungen – wider.

Komm deiner Angst zuvor, indem du deinen Bauch entspannst und deinen Atem beruhigst.

Atem und Geist sind wie Licht und Schatten – mal ist der Geist das Licht, mal der Atem, dann wirft er seine Schatten auf den Gegenspieler. So kann unser Atem das Fühlen und Denken bestimmen, und mithilfe unseres Feingefühls beruhigen wir wiederum die Atmung. Gehen Atem und Geist im Gleichschritt, entsteht »Harmonie«.

Erfahre ein intensives »Aus« und ein gemäßigtes »Ein« bei deiner Atemübung. Spüre, wie der Geist deinen Körper durchdringt und die Empfindungen dabei deinen Geist durchströmen.

Ruhiges Atmen entspringt unserem Gefühl und entzieht sich weitgehend dem Einfluss unseres Willens.

Jede Störung, sei es Stress, Kopfschmerz oder emotionale Unruhe, treibt den Atem aus seiner Ruheposition. Ein Bewusstsein für den Atem zu entwickeln, hilft, Beeinträchtigungen rechtzeitig zu erkennen. Jedes seelische oder körperliche Unwohlsein kann zumindest ein wenig beschwichtigt werden, wenn Gefühl und Verstand sich mit dem Atem verständigen.

Das Gespür für
den Atem ist wesentlich
für deine Gesundheit.

Fasse an deinen Bauch, zwischen Zwerchfell und Nabel, und beobachte mit jeder Aus- und Einatmung das Auf und Ab deiner Hand, um deinen Atem zur Ruhe zu bringen.

Der Atem ist das Kleinste und das Größte – er ist der feine Hauch in unserer Nase und der kräftige Wind, der den Raum durchdringt. Wo der Atemfluss stockt, da stockt auch die Sprache und andersherum. Die Atmung auf eine gleichmäßige, konzentrierte und geduldige Weise zu verlangsamen, hilft, den gesunden Atemrhythmus wiederzugewinnen.

Bleib im Bauch, spüre,
wie der Atem ihn füllt,
und halte die Kehle frei
für den Redefluss.

Sich zurücklehnen, leise summen, seufzen oder einen ruhigen Laut von sich geben, entspannt das Zwerchfell, das Zentrum der Atmung.

Der Einsatz der Stimme ist ein feinsinniger Weg, den Atem zu beruhigen. Atem und Stimme berühren die gleichen physischen Zentren unseres Körpers. Vertiefte Atemübungen begünstigen eine starke, vibrierende Stimme voller Resonanz. Die Aufrichtung des Rumpfes erleichtert nicht nur eine heilsame, tiefe Atmung, sondern bewirkt auch eine mächtige und kraftvolle Stimme.

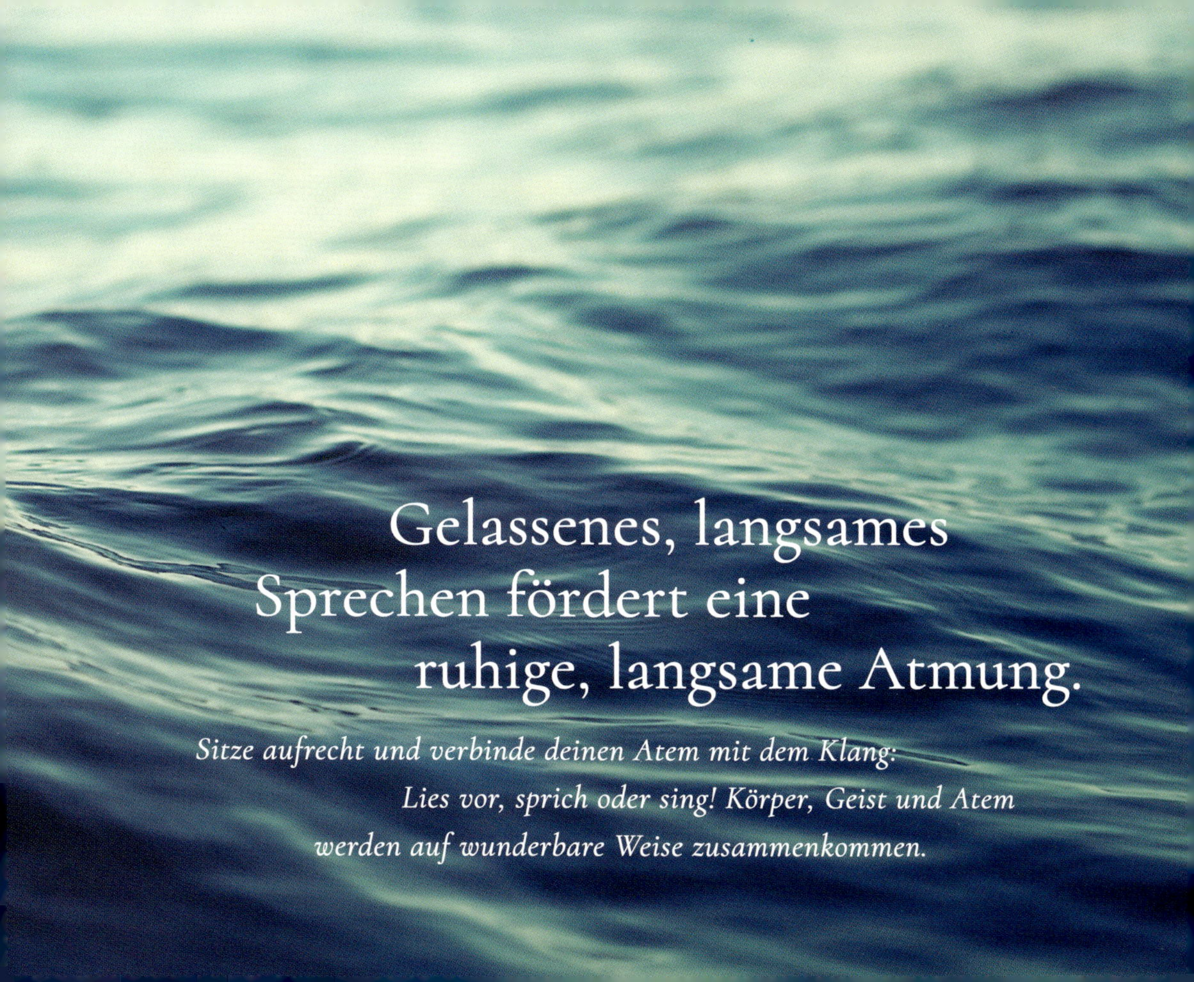

Gelassenes, langsames Sprechen fördert eine ruhige, langsame Atmung.

Sitze aufrecht und verbinde deinen Atem mit dem Klang: Lies vor, sprich oder sing! Körper, Geist und Atem werden auf wunderbare Weise zusammenkommen.

Der Atem ist das Instrument, das im tiefsten Innern des Leibes widerhallt. Der Klang aus dem Körper geht mit den Wellen des Atems einher. Der Laut, den du im Einklang mit der unentwegt fließenden Luft erzeugst, ergibt einen Ton, der sich über die gesamte Dauer des Ausatmens erstreckt. Die Gleichmäßigkeit dieses Klangs lässt eine gute Atemführung erkennen.

Mit einer sanften Berührung
spürst du den Körper.
Mit der langsamen, bewussten
Atmung erreichst du die Seele.

*Verbinde den Luftstrom, der beim Ausatmen entsteht,
mit einem leisen, tiefen Ton aus der Kehle.*

Sprechen ist heilsam, wenn die Stimme wohlwollend tönt und der Geist Anteil nimmt. Setzen wir die Stimme ein, als würden wir singen wollen, so wird sie unseren Atem und damit unseren Geist beruhigen. Stimme und Stimmung werden eins, wenn unser Atem der Stimme Kraft gibt und dem Geist Ruhe.

Schrei niemals aus vollem Hals, dies mündet nur in atemloses Hecheln.

Der Bauch ist das Kraftzentrum des Körpers. Eine tragkräftige Stimme braucht wie auch die Atmung die entsprechende Bewegung aus dem Bauch.

Vom Anfang bis zum Ende unseres Lebens dreht sich alles um die Atmung. Auf das Geborenwerden folgt als Erstes der Schrei. Mit ihm beginnt das Leben. Der Schmerz der Entbindung begleitet die Magie des Gebärens. Durch Leiden erfahren wir, was Glück bedeutet.

Das Leben besteht aus dem fortwährenden Wechsel von Initiativeergreifen und Geschehenlassen, von Geben und Empfangen. Die Übergänge sind fließend, wenn wir gleichmäßig atmen.

Zu einer natürlichen Einatmung
gelangst du über die Ausatmung,
so wie du durch Abgeben
das Annehmen lernst.

Achte bei der Atmung auf die Pause, die nach dem Ausatmen entsteht.
Die Zäsur dient als Inspiration für den Neubeginn.

Am Anfang des Lebens kommt der Atem, und am Ende geht er. Das Leben beginnt mit einem Schrei und endet mit einem Seufzen. Durch den Atem bleiben Körper und Geist bis zum Tod miteinander verbunden, auch wenn sie sich manchmal diametral gegenüberstehen. Die achtsame Atmung hilft, Körper und Geist in Balance zu halten.

Schule deinen Atem
und entwirre den Strudel
deiner Gedanken.

Lass Brustkorb und Bauch sich gleichmäßig heben und senken, das Auf und Ab deiner Atemzüge soll zu einer leibhaftigen und gefühlvollen Empfindung werden.

Der Atem ist unser nächster Verbündeter bei der gedanklichen Verarbeitung unserer Schmerzen. Mit ihm können wir positiv auf unser Unwohlsein und unsere Krankheiten einwirken. Die Atmung ist steuerbar, sie kann Körper und Geist lenken. Wir können es uns nicht leisten, diese einfache Formel zu ignorieren.

Du kannst deine Gedanken nicht verbergen, dein Atem wird sie verraten.
Verlängere den Atem, führe ihn in seine Tiefe.
So findet dein Geist seinen Weg durch das alltägliche Tun.

Dem sanften Rauschen in den Ohren und dem Luftfluss in der Kehle nachzuspüren, während wir gleichmäßig und langsam durch die Nase atmen, ist der Beginn einer tiefen Versenkung. Wenn Atmung und Sinne zusammenkommen, entsteht innerer Frieden.

Wenn du wissen willst,
wohin deine Gedanken ziehen,
achte auf deinen Atem.

Atme langsam aus: Erkenne, was du denkst, und befreie dich von jeder Ablenkung. Nimm beim Einatmen das Wesen der Dinge wahr.

Unsere Atemzüge sind Teil unserer physischen und psychischen Aktivität. Das Zwerchfell markiert den Übergang zwischen Aus- und Einatmen. Hier ist die Grenze zwischen Wollen und Loslassen spürbar. Mit dem ganzen Leib die Bewegungen der Atemluft zu empfinden, bedeutet, die Widerstandsfähigkeit, die aus Bauch- und Brustraum entsteht, aufrechtzuerhalten und zu verstärken. Die ruhige und vollständige Ausatmung ist der Schlüssel dazu.

Das Einatmen geschieht von selbst. Es lehrt dich das Geschehenlassen und erinnert dich an die Grenzen des aktiven Tuns.

Nutze die Ausatmung, um die Beweglichkeit deiner Bauchdecke zu spüren und ihre Agilität zu erweitern. Erhalte bei der Einatmung die Stabilität der Brustregion und verstärke sie.

Achtsam werden beim ausgehenden Hauch – die Luft nicht verlieren, sondern sie behutsam hinausführen und warten, bis sich ohne Anstrengung die Lungen füllen. Jeder Atemzug ist wie eine Ellipse ohne kantige Ecken. Ausatmen, totenstill sein, einatmen, totenstill sein – das sind die vier Phasen jedes achtsamen Atmens.

Lass die Lungen sich füllen und warte. Bleib dabei ohne die geringste Aktivität. Genieße!

Leere die Lungen und warte. Folge achtsam dem einströmenden Hauch. Fühle, wie die Luft dich erfüllt. Atme dann langsam wieder aus.

Die Atmung vollzieht sich unwillkürlich, es sei denn, sie wird mithilfe von Atemübungen trainiert und bewusst eingesetzt. Die entspannte Pause vor jeder Einatmung wird zur Inspiration. So gerätst du in positive Schwingung mit dem Außen und konzentrierst dich auf das Verbindende. Die Kraft des Atems wächst mit jedem Training.

Die Zäsur nach der Ausatmung bedeutet das Vertrauen in die Lebenskraft. Warte, bevor du einatmest, auf die Eingebung.

Atme aus. Fokussiere dich auf deinen Bauch.
Gib dich hin, vertraue.
Die Luft ist dir gewiss!

Mein Atem, dein Atem, unser Atem –
vereint im Wind der Sphären.
Der Atem verbindet mich mit dir, dich mit mir, uns mit jedem Detail im uns umgebenden Kosmos.

Meine Ausatmung ist deine Einatmung,
deine Ausatmung meine Einatmung,
atmend bleiben wir im Rund.

Berühre deine Nasenspitze und fühle. Der pulsierende Atem gibt den Takt unserer Koexistenz vor.

Durch regelmäßiges Trainieren unserer Atmung können wir Resilienz erlernen. So wie Sport unser Leistungspotenzial erhöht, vergrößern Atemübungen unsere körperliche und seelische Widerstandskraft. Der Wind ist der kosmische Lenker, der uns durch die Unwegsamkeiten des Lebens führt.

Sieh im Wind das Göttliche,
das uns im Gewand
des Atems liebkost.

Sauge die Luft nie gewaltsam ein. Entleere deine Lunge,
bis dir die Kraft des Windes als Atem zuteil wird.

»Mit einer Böe entschwand
der Windgott aus dem Kosmos.
Augenblicklich standen Wind
und Atem still. Alles erstickte.
Der Atem wird seitdem von den Weisen
als die Essenz des Lebens gesehen.
Die Klugen ehren den Wind mit
ihrem Atem und verlängern ihn.«

(aus: »Als wir die Welt retteten«)

ANJALI SRIRAM

Anjali Sriram praktiziert seit Jahrzehnten Yoga und ist eine der bekanntesten deutschen Performancekünstlerinnen in Indischem Tanz. Sie begeisterte ihr Publikum auf weltweiten Tourneen, unterrichtete viele Tanzschüler und schrieb mehrere Sachbücher und Romane. Ihr Buch »Lotosblüten öffnen sich« ist ein Klassiker. Im Herbst 2020 erschien ihr neuestes Werk »Als wir die Welt retteten«. (www.anjalisriram.de)

R. SRIRAM

ist ein weltweit bekannter Yogameister. Er unterrichtet in Europa und Indien und hat bereits unzählige Yogalehrerinnen und Yogalehrer aus- und weitergebildet. R. Sriram ist Autor zahlreicher Ratgeber auf Basis der Yogaphilosophie. Zusammen mit Anjali leitet er das Umweltprojekt »Base Nature Art Yoga« in Südindien. (www.basekodai.org)

www.herder.de

Umschlagkonzeption: Verlag Herder
Covermotiv: © Galyna Andrushko/shutterstock.com
Innengestaltung und Satz: Christina Krutz, Biebesheim am Rhein
Bildnachweis: Amperlicht (S. 5); Luis Hödl (S. 17, 25, 27); shutterstock.com: Atstock Productions (S. 31)/ Burim Muqa (S. 9)/Curioso Photography (S. 19)/dugdax (S. 41)/idea Ink Design (S. 37)/Jozef Jankola (S. 29)/Makistock (S. 39)/ mycteria (S. 21)/Mykola Ivashchenko (S. 44/45)/oksart1 (S. 13)/Puripat Lertpunyaroj (S. 33)/R Kristoffersen (S. 43)/ solarseven (S. 23)/Srarn Artrattanakul (S. 35)/TOMO (S. 11)/Traveller Martin (S. 7)/Vaclav Sebek (S. 15)
Herstellung: PBtisk a.s.

Gedruckt auf umweltfreundlichem, chlorfrei gebleichtem Papier
Printed in the Czech Republic

ISBN 978-3-451-03301-8